* CHRISTELLE HUET-GOMEZ *

CRUMB *Cake*

SÜSS UND HERZHAFT

Inhalt

Grundlagen

DAS PRINZIP

Ein Streuselkuchen besteht zur Hälfte aus einem Kuchenteig und zur Hälfte aus Streuseln und ist aus drei Schichten zusammengesetzt: einem Boden, einem Belag, der in der Regel aus Früchten besteht, und den Streuseln.

DER KUCHENBODEN

Mit seiner weichen, saftigen Konsistenz kontrastiert der Boden mit den knusprigen Streuseln. Damit ein schöner, homogener Teig entsteht, sollten die Butter und die Eier Raumtemperatur haben.

DIE FRÜCHTE

Frische Früchte: Am besten eignen sich Sorten, die beim Kochen schön weich werden, ohne zu zerfallen, etwa Äpfel wie Boskop und Renette oder Birnen wie Williams Christ und Conference.
Früchte aus der Dose: Lassen Sie Dosenfrüchte vor der Zubereitung gut abtropfen.
Tiefkühlfrüchte: Tiefgefrorenes Obst muss vor der Zubereitung aufgetaut werden.

DIE STREUSEL

Achten Sie darauf, dass die Butter sehr kalt ist, und schneiden Sie sie vor der Zubereitung der Streusel in kleine Stücke. Damit der Teig eine grobe, krümelige Konsistenz bekommt, die Streuselzutaten nur mit den Fingerspitzen verkneten.

DIE BACKFORM

Damit der Kuchen nicht haften bleibt, die Form stets mit Backpapier auskleiden und das Papier am Rand großzügig überstehen lassen.

BACKEN

Den Kuchen immer auf der mittleren Schiene des Backofens und möglichst bei Ober- und Unterhitze backen. Für Umluft die Backtemperatur um 20 Grad reduzieren. Im letzten Viertel der angegebenen Backzeit die Farbe des Kuchens prüfen und die Form gegebenenfalls mit Alufolie abdecken. Um die Garprobe zu machen, den Kuchen in der Mitte mit einem spitzen Messer einstechen. Bleibt es beim Herausziehen sauber, ist der Kuchen fertig. Andernfalls die Backzeit um 5 Min. verlängern und danach erneut die Garprobe machen.

Apfel
und Zimt

 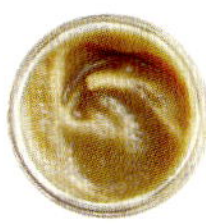 

Für 8 Personen
Zubereitungszeit: 20 Min.
Backzeit: 1 Std.
quadratische Kuchenform (20 x 20 cm)

Für die Streusel
70 g kalte Butter
100 g Weizenmehl (Type 405)
80 g Vollrohrzucker
1 TL Zimt

Für den Kuchenteig
100 g weiche Butter
140 g Zucker
3 Eier
220 g Weizenmehl (Type 405)
1 Päckchen Backpulver
1 Prise Salz
2 TL Zimt
100 g Crème double

500 g Äpfel
300 g Apfelmus

Crème fraîche zum Servieren

Für die Streusel Butter, Mehl, Vollrohrzucker und Zimt mit den Fingerspitzen zu einem krümeligen Teig verkneten. Die Streusel anschließend im Kühlschrank ruhen lassen. Den Backofen auf 180 °C vorheizen.

Für den Kuchenteig die weiche Butter mit dem Zucker cremig rühren, danach die Eier einzeln unterrühren. Das Mehl mit Backpulver, Salz und Zimt vermengen und unter die Buttermischung rühren. Die Crème double hinzufügen und alles zu einem homogenen Teig verrühren. Den Teig in die mit Backpapier ausgelegte Form füllen.

Die Äpfel schälen, vierteln und entkernen. Die Apfelviertel in kleine Stücke schneiden und unter das Apfelmus mischen. Auf dem Teig verteilen, die Streusel darüberstreuen und den Kuchen 1 Std. backen. Den Kuchen in der Form lauwarm abkühlen lassen. Aus der Form nehmen, in 16 quadratische Stücke (5 x 5 cm) schneiden und mit Crème fraîche servieren.

Apfel
karamellisiert

Für 8 Personen
Zubereitungszeit: 30 Min.
Backzeit: 1 Std.
runde Kuchenform (24 cm)

750 g Äpfel
40 g Butter
60 g Vollrohrzucker

Für die Streusel
70 g kalte Butter
100 g Weizenmehl (Type 405)
60 g Vollrohrzucker

Für den Kuchenteig
100 g weiche Butter
140 g Zucker
3 Eier
1 TL Vanilleextrakt
220 g Weizenmehl (Type 405)
1 Päckchen Backpulver
1 Prise Salz
100 g Crème double

Karamellsirup zum Servieren

Die Äpfel schälen, vierteln, entkernen und die Apfelviertel in Stücke schneiden. In einer Pfanne die Butter mit dem Vollrohrzucker zerlassen. Die Äpfel hineingeben und ca. 10 Min. bei mittlerer Hitze karamellisieren lassen.

Für die Streusel Butter, Mehl und Vollrohrzucker mit den Fingerspitzen zu einem krümeligen Teig verkneten. Die Streusel anschließend im Kühlschrank ruhen lassen. Den Backofen auf 180 °C vorheizen.

Für den Kuchenteig die weiche Butter mit dem Zucker cremig rühren, danach zuerst die Eier einzeln unterrühren, dann den Vanilleextrakt. Das Mehl mit Backpulver und Salz vermengen und unter die Buttermischung rühren. Die Crème double dazugeben und alles zu einem homogenen Teig verrühren.

Den Teig in die mit Backpapier ausgelegte Form füllen, die karamellisierten Äpfel darauf verteilen und die Streusel darüberstreuen. Den Kuchen 1 Std. backen und in der Form lauwarm abkühlen lassen. Den Kuchen aus der Form nehmen, in Stücke schneiden und mit Karamellsirup servieren.

Apfel
und Schwarze Johannisbeere

Für 8 Personen
Zubereitungszeit: 30 Min.
Backzeit: 65 Min.
quadratische Kuchenform (20 x 20 cm)

Für die Streusel
70 g kalte Butter
80 g Weizenmehl (Type 405)
60 g Vollrohrzucker
30 g Sesamsamen

Für den Kuchenteig
80 g weiche Butter
90 g Zucker
2 Eier
120 g Weizenmehl (Type 405)
2 TL Backpulver
1 Prise Salz
1 Apfel
100 ml Vollmilch

500 g Äpfel
200 g Schwarze
Johannisbeerkonfitüre

200 g Sahne, gut gekühlt
20 g Zucker

Für die Streusel Butter, Mehl, Vollrohrzucker und Sesam mit den Fingerspitzen zu einem krümeligen Teig verkneten. Die Streusel anschließend im Kühlschrank ruhen lassen. Den Backofen auf 180 °C vorheizen.

Für den Kuchenteig die weiche Butter mit dem Zucker cremig rühren, danach die Eier einzeln unterrühren. Das Mehl mit Backpulver und Salz vermengen und unter die Buttermischung rühren. Den Apfel schälen, vierteln und entkernen. Den Apfel raspeln und unter den Teig mischen. Die Milch dazugießen und alles zu einem homogenen Teig verrühren.

Den Teig in die mit Backpapier ausgelegte Form füllen und 20 Min. backen. Inzwischen die restlichen Äpfel schälen, vierteln, entkernen und das Fruchtfleisch in kleine Würfel schneiden. Mit der Konfitüre vermischen und diese auf dem vorgebackenen Teig verstreichen.
Die Streusel darüberstreuen und den Kuchen weitere 45 Min. backen.
Den fertigen Kuchen in der Form lauwarm abkühlen lassen.

Inzwischen die Sahne ca. 10 Min. auf mittlerer Stufe mit den Quirlen des Handmixers schlagen, bis sie ihr Volumen verdoppelt hat. In den letzten 30 Sek. den Zucker unterrühren. Den Kuchen aus der Form nehmen, in 8 rechteckige Stücke (10 x 5 cm) schneiden und mit der geschlagenen Sahne servieren.

Birne
und Mandel

Für 8 Personen
Zubereitungszeit: 30 Min.
Backzeit: 45 Min.
Kastenform (25 x 9 cm)

Für die Streusel
70 g kalte Butter
100 g Weizenmehl (Type 405)
80 g Vollrohrzucker

Für den Kuchenteig
70 g weiche Butter
90 g Zucker
2 Eier
60 g Weizenmehl (Type 405)
2 TL Backpulver
90 g gemahlene Mandeln
1 Prise Salz
70 g Crème double

400 g Birnen
1 Päckchen Vanillezucker
100 g Mandelblättchen

Für die Streusel Butter, Mehl und Vollrohrzucker mit den Fingerspitzen zu einem krümeligen Teig verkneten. Die Streusel anschließend im Kühlschrank ruhen lassen. Den Backofen auf 180 °C vorheizen.

Für den Kuchenteig die weiche Butter mit dem Zucker cremig rühren, danach die Eier einzeln unterrühren. Das Mehl mit Backpulver, gemahlenen Mandeln und Salz vermengen und unter die Buttermischung rühren. Die Crème double hinzufügen und alles zu einem homogenen Teig verrühren.

Den Teig in die mit Backpapier ausgelegte Form füllen. Die Birnen schälen, vierteln und entkernen. Die Birnenviertel in Stücke schneiden, auf dem Teig verteilen und mit dem Vanillezucker bestreuen. Die Streusel darauf verteilen, dann die Mandelblättchen darüberstreuen und den Kuchen 45 Min. backen. Den fertigen Kuchen in der Form lauwarm abkühlen lassen. Aus der Form nehmen, in Stücke schneiden und servieren.

Birne
und Schokolade

Für 8 Personen
Zubereitungszeit: 30 Min.
Backzeit: 1 Std.
quadratische Kuchenform (20 x 20 cm)

Für die Streusel
70 g kalte Butter
100 g Weizenmehl (Type 405)
80 g Vollrohrzucker

Für den Kuchenteig
50 g Haselnusskerne
100 g weiche mild gesalzene Butter
170 g Zucker
3 Eier
170 g Weizenmehl (Type 405)
1 Päckchen Backpulver
40 g ungesüßtes Kakaopulver
100 g Crème double

800 g Birnen

100 g Zartbitterschokolade
zum Dekorieren

Für die Streusel Butter, Mehl und Vollrohrzucker mit den Fingerspitzen zu einem krümeligen Teig verkneten. Die Streusel anschließend im Kühlschrank ruhen lassen. Den Backofen auf 180 °C vorheizen.

Für den Kuchenteig die Haselnusskerne fein hacken und 5 Min. bei mittlerer Hitze ohne Zugabe von Fett in einer Pfanne rösten. Die weiche gesalzene Butter mit dem Zucker cremig rühren, danach die Eier einzeln unterrühren. Das Mehl mit Backpulver und Kakaopulver vermengen und unter die Buttermischung rühren. Die Crème double hinzufügen und alles zu einem homogenen Teig verrühren. Zuletzt die gerösteten Haselnüsse untermischen.

Den Teig in die mit Backpapier ausgelegte Form füllen. Die Birnen schälen, vierteln und entkernen. Die Birnenviertel in Stücke schneiden und auf dem Teig verteilen. Die Streusel darüberstreuen und den Kuchen 1 Std. backen. Den fertigen Kuchen in der Form lauwarm abkühlen lassen. Aus der Form nehmen und in 16 quadratische Stücke (5 x 5 cm) schneiden. Die Zartbitterschokolade in der Mikrowelle oder im Wasserbad schmelzen, die Kuchenstücke damit überziehen und servieren.

Apfel, Birne
und Kardamom

Für 8 Personen
Zubereitungszeit: 30 Min.
Backzeit: 45 Min.
runde Kuchenform (24 cm)

400 g Äpfel
400 g Birnen
40 g Butter
60 g Vollrohrzucker

Für die Streusel
70 g kalte Butter
100 g Weizenmehl (Type 405)
60 g Vollrohrzucker

Für den Kuchenteig
70 g weiche Butter
90 g Zucker
2 Eier
140 g Weizenmehl (Type 405)
2 TL Backpulver
2 TL gemahlener Kardamom
1 Prise Salz
1 Apfel
100 g Crème double

Äpfel und Birnen schälen, vierteln, entkernen und das Fruchtfleisch in Stücke schneiden. Die Butter mit dem Vollrohrzucker in einer Pfanne zerlassen und die Apfel- und Birnenstücke 10 Min. bei mittlerer Hitze darin dünsten, bis sie zu karamellisieren beginnen. Den Backofen auf 180 °C vorheizen.

Für die Streusel Butter, Mehl und Vollrohrzucker mit den Fingerspitzen zu einem krümeligen Teig verkneten. Die Streusel anschließend im Kühlschrank ruhen lassen.

Für den Kuchenteig die weiche Butter mit dem Zucker cremig rühren, danach die Eier einzeln unterrühren. Das Mehl mit Backpulver, Kardamom und Salz vermengen und unter die Buttermischung rühren. Den Apfel schälen, vierteln und entkernen. Das Fruchtfleisch raspeln und unter den Teig mischen. Die Crème double hinzufügen und alles zu einem homogenen Teig verrühren.

Den Teig in die mit Backpapier ausgelegte Form füllen. Die karamellisierten Früchte darauf verteilen, die Streusel darüberstreuen und den Kuchen 45 Min. backen. Den fertigen Kuchen in der Form lauwarm abkühlen lassen. Anschließend aus der Form nehmen, in Stücke schneiden und servieren.

Brombeere
und Zitrone

Für 8 Personen
Zubereitungszeit: 25 Min.
Backzeit: 1 Std.
quadratische Kuchenform (20 x 20 cm)

1 unbehandelte Zitrone

Für die Streusel
70 g kalte Butter
100 g Weizenmehl (Type 405)
80 g Vollrohrzucker

Für den Kuchenteig
100 g weiche Butter
170 g Zucker
3 Eier
200 g Weizenmehl (Type 405)
2 TL Backpulver
15 g Mohnsamen
50 g Crème fraîche

200 g Brombeeren

100 g Puderzucker zum Dekorieren

Die Schale der Zitrone fein abreiben, den Saft auspressen.

Für die Streusel Butter, Mehl, Vollrohrzucker und die Hälfte des Zitronenabriebs mit den Fingerspitzen zu einem krümeligen Teig verkneten. Die Streusel anschließend im Kühlschrank ruhen lassen. Den Backofen auf 180 °C vorheizen.

Für den Kuchenteig die weiche Butter mit dem Zucker cremig rühren, danach zuerst die Eier einzeln unterrühren, dann den restlichen Zitronenabrieb. Das Mehl mit Backpulver und Mohn vermengen und unter die Buttermischung rühren. Den Saft von ½ Zitrone und die Crème fraîche hinzufügen und alles zu einem homogenen Teig verrühren.

Den Teig in die mit Backpapier ausgelegte Form füllen. Die Brombeeren darauf verteilen, die Streusel darüberstreuen und den Kuchen 1 Std. backen. Den fertigen Kuchen in der Form lauwarm abkühlen lassen. Anschließend aus der Form nehmen und in 16 quadratische Stücke (5 x 5 cm) schneiden. Den Puderzucker mit 2 Esslöffeln Zitronensaft glatt rühren, die Stücke mit dem Zuckerguss überziehen und servieren.

Himbeere
und Pistazie

Für 8 Personen
Zubereitungszeit: 25 Min.
Backzeit: 45 Min.
Kastenform (25 x 9 cm)

Für die Streusel
60 g kalte Butter
90 g Weizenmehl (Type 405)
70 g Vollrohrzucker

Für den Kuchenteig
80 g ungesalzene Pistazienkerne
80 g weiche Butter
140 g Zucker
2 Eier
80 g Weizenmehl (Type 405)
2 TL Backpulver
1 Prise Salz
70 g Crème double

150 g Himbeeren (frisch oder aufgetaute Tiefkühlfrüchte)

Himbeer-Coulis (fertige Fruchtsauce) zum Servieren

Für die Streusel Butter, Mehl und Vollrohrzucker mit den Fingerspitzen zu einem krümeligen Teig verkneten. Die Streusel anschließend im Kühlschrank ruhen lassen. Den Backofen auf 180 °C vorheizen.

Für den Kuchenteig die Pistazien 5 Min. bei mittlerer Hitze ohne Zugabe von Fett in einer Pfanne rösten. Abkühlen lassen und fein mahlen. Die weiche Butter mit dem Zucker cremig rühren, danach die Eier einzeln unterrühren. Das Mehl mit Backpulver, gemahlenen Pistazien und Salz vermengen und unter die Buttermischung rühren. Zum Schluss die Crème double hinzufügen und alles zu einem homogenen Teig verrühren.

Den Teig in die mit Backpapier ausgelegte Form füllen. Die Himbeeren darauf verteilen, die Streusel darüberstreuen und den Kuchen 45 Min. backen. Den fertigen Kuchen in der Form lauwarm abkühlen lassen. Anschließend aus der Form nehmen, in Stücke schneiden und mit Himbeer-Coulis servieren.

Rhabarber
und Erdbeere

Für 8 Personen
Zubereitungszeit: 30 Min.
Backzeit: 1 Std.
quadratische Kuchenform (20 x 20 cm)

400 g Rhabarber
30 g Zucker

Für die Streusel
70 g kalte Butter
100 g Weizenmehl (Type 405)
60 g Vollrohrzucker

Für den Kuchenteig
100 g weiche Butter
150 g Zucker
1 Vanilleschote
3 Eier
220 g Weizenmehl (Type 405)
1 Päckchen Backpulver
1 Prise Salz
100 g Crème double

150 g Erdbeerkonfitüre

Den Rhabarber putzen, waschen, abfädeln und in Stücke schneiden. In einem Topf mit 30 g Zucker und 2 Esslöffeln Wasser mischen und bei mittlerer Hitze in ca. 10 Min. weich garen. Abkühlen lassen.

Für die Streusel Butter, Mehl und Vollrohrzucker mit den Fingerspitzen zu einem krümeligen Teig verkneten. Die Streusel anschließend im Kühlschrank ruhen lassen. Den Backofen auf 180 °C vorheizen.

Für den Kuchenteig die weiche Butter mit dem Zucker cremig rühren. Die Vanilleschote der Länge nach aufschneiden, das Mark herauskratzen und zu der Buttermischung geben. Die Eier einzeln unterrühren. Das Mehl mit Backpulver und Salz vermengen und unter die Buttermischung rühren. Die Crème double hinzufügen und alles zu einem homogenen Teig verrühren.

Den Teig in die mit Backpapier ausgelegte Form füllen. Den Rhabarber darauf verteilen, die Erdbeerkonfitüre darauf verstreichen, die Streusel darüberstreuen und den Kuchen 1 Std. backen. Den fertigen Kuchen in der Form lauwarm abkühlen lassen. Anschließend aus der Form nehmen, in 8 rechteckige Stücke (10 x 5 cm) schneiden und servieren.

Aprikose
und Ingwer

Für 8 Personen
Zubereitungszeit: 30 Min.
Backzeit: 45 Min.
runde Kuchenform (24 cm)

600 g frische Aprikosen oder
1 Dose (825 g) Aprikosen
30 g Butter
40 g Vollrohrzucker

Für die Streusel
70 g kalte Butter
100 g Weizenmehl (Type 405)
70 g Vollrohrzucker

Für den Kuchenteig
80 g weiche Butter
110 g Zucker
2 Eier
1 TL Vanilleextrakt
150 g Weizenmehl (Type 405)
2 TL Backpulver
2 TL gemahlener Ingwer
1 Prise Salz
140 g Crème double

Aprikosen-Coulis (fertige Fruchtsauce) zum Servieren

Frische Aprikosen waschen, trocken tupfen, halbieren und die Kerne entfernen. Dosenfrüchte gut abtropfen lassen. Die Aprikosenhälften in Stücke schneiden. Die Butter mit dem Vollrohrzucker bei mittlerer Hitze in einer Pfanne zerlassen und die Aprikosen in 10 Min. darin weich garen. Abkühlen lassen.

Für die Streusel Butter, Mehl und Vollrohrzucker mit den Fingerspitzen zu einem krümeligen Teig verkneten. Die Streusel anschließend im Kühlschrank ruhen lassen. Den Backofen auf 180 °C vorheizen.

Für den Kuchenteig die weiche Butter mit dem Zucker cremig rühren, anschließend die Eier einzeln unterrühren und die Vanille hinzufügen. Das Mehl mit Backpulver, Ingwer und Salz vermengen und unter die Buttermischung rühren. Die Crème double hinzufügen und alles zu einem homogenen Teig verrühren.

Den Teig in die mit Backpapier ausgelegte Form füllen. Die Aprikosen darauf verteilen, die Streusel darüberstreuen und den Kuchen 45 Min. backen. Den fertigen Kuchen in der Form lauwarm abkühlen lassen. Anschließend aus der Form nehmen, in Stücke schneiden und mit Aprikosen-Coulis servieren.

Pfirsich
und Orange

Für 8 Personen
Zubereitungszeit: 30 Min.
Backzeit: 45 Min.
quadratische Kuchenform (20 x 20 cm)

800 g frische Pfirsiche oder
1 Dose (820 g) Pfirsiche
30 g Butter
40 g Vollrohrzucker

Für die Streusel
70 g kalte Butter
100 g Weizenmehl (Type 405)
70 g Vollrohrzucker

Für den Kuchenteig
70 g weiche Butter
100 g Zucker
2 Eier
1 unbehandelte Orange
170 g Weizenmehl (Type 405)
2 TL Backpulver
1 Prise Salz
70 g Crème double

feine Schalenstreifen von
1 unbehandelten Orange
zum Dekorieren

Frische Pfirsiche enthäuten, halbieren und die Steine entfernen. Dosenfrüchte gut abtropfen lassen. Die Pfirsiche in Stücke schneiden. Die Butter mit dem Vollrohrzucker bei mittlerer Hitze in einer Pfanne zerlassen und die Pfirsiche in 10 Min. darin weich garen.

Für die Streusel Butter, Mehl und Vollrohrzucker mit den Fingerspitzen zu einem krümeligen Teig verkneten. Die Streusel anschließend im Kühlschrank ruhen lassen. Den Backofen auf 180 °C vorheizen.

Für den Kuchenteig die weiche Butter mit dem Zucker cremig rühren, dann die Eier einzeln unterrühren. Die Schale der Orange fein abreiben und untermischen. Das Mehl mit Backpulver und Salz vermengen und unter die Buttermischung rühren. Zum Schluss die Crème double hinzufügen und alles zu einem homogenen Teig verrühren.

Den Teig in die mit Backpapier ausgelegte Form füllen. Die Pfirsiche darauf verteilen, die Streusel darüberstreuen und den Kuchen 45 Min. backen. Den fertigen Kuchen in der Form lauwarm abkühlen lassen. Anschließend aus der Form nehmen und in 16 quadratische Stücke (5 x 5 cm) schneiden. Die Kuchenstücke mit den feinen Schalenstreifen der Orange dekorieren.

Gemischte Beeren

und Limette

Für 8 Personen
Zubereitungszeit: 20 Min.
Backzeit: 30 Min.
Kastenform (25 x 9 cm)

Für die Streusel
70 g kalte Butter
100 g Weizenmehl (Type 405)
70 g Vollrohrzucker

Für den Kuchenteig
40 g weiche Butter
70 g Zucker
1 Ei
1 unbehandelte Limette
75 g Weizenmehl (Type 405)
1 TL Backpulver
1 Prise Salz
70 g Crème double

200 g gemischte Beeren (frisch oder aufgetaute Tiefkühlfrüchte; z.B. Himbeeren, Rote Johannisbeeren, Brombeeren, Heidelbeeren)

Beeren-Coulis (fertige Fruchtsauce) zum Servieren

Für die Streusel Butter, Mehl und Vollrohrzucker mit den Fingerspitzen zu einem krümeligen Teig verkneten. Die Streusel anschließend im Kühlschrank ruhen lassen. Den Backofen auf 180 °C vorheizen.

Für den Kuchenteig die weiche Butter mit dem Zucker cremig rühren, anschließend das Ei unterrühren. Die Schale der Limette fein abreiben und untermischen. Das Mehl mit Backpulver und Salz vermengen und unter die Buttermischung rühren. Zum Schluss die Crème double hinzufügen und alles zu einem homogenen Teig verrühren.

Den Teig in die mit Backpapier ausgelegte Form füllen. Die Beeren darauf verteilen, die Streusel darüberstreuen und den Kuchen 30 Min. backen. Den fertigen Kuchen in der Form lauwarm abkühlen lassen. Anschließend aus der Form nehmen, in Stücke schneiden und mit der Beeren-Coulis servieren.

Trockenpflaume,
Apfel und Vanille

Für 8 Personen
Zubereitungszeit: 40 Min.
Backzeit: 45 Min.
quadratische Kuchenform (20 x 20 cm)

2 Äpfel
300 g entsteinte Trockenpflaumen
1 EL Zucker

Für die Streusel
70 g kalte Butter
100 g Weizenmehl (Type 405)
80 g Vollrohrzucker

Für den Kuchenteig
70 g weiche Butter
100 g Zucker
2 Eier
1 Vanilleschote
170 g Weizenmehl (Type 405)
2 TL Backpulver
1 Prise Salz
70 g Crème double

200 g Sahne, gut gekühlt
20 g Zucker

Die Äpfel schälen, vierteln, entkernen und die Apfelviertel in Stücke schneiden. Die Pflaumen ebenfalls in Stücke schneiden. Beides mit dem Zucker in einen Topf mit 250 ml heißem Wasser geben und die Flüssigkeit bei mittlerer Hitze in 20 Min. vollständig einkochen lassen.

Für die Streusel Butter, Mehl und Vollrohrzucker mit den Fingerspitzen zu einem krümeligen Teig verkneten. Die Streusel anschließend im Kühlschrank ruhen lassen. Den Backofen auf 180 °C vorheizen.

Für den Kuchenteig die weiche Butter mit dem Zucker cremig rühren, danach die Eier einzeln unterrühren. Die Vanilleschote der Länge nach aufschneiden, das Mark herauskratzen und zu der Buttermischung geben. Das Mehl mit Backpulver und Salz mischen und unterrühren. Zum Schluss die Crème double unterziehen.

Den Teig in die mit Backpapier ausgelegte Form füllen. Die Früchte darauf verteilen, die Streusel darüberstreuen und den Kuchen 45 Min. backen. Den fertigen Kuchen in der Form lauwarm abkühlen lassen.

Inzwischen die Sahne 10 Min. auf mittlerer Stufe mit den Quirlen des Handmixers schlagen, bis sie ihr Volumen verdoppelt hat. In den letzten 30 Sek. den Zucker unterrühren. Den Kuchen aus der Form nehmen, in 16 quadratische Stücke (5 x 5 cm) schneiden und mit der geschlagenen Sahne servieren.

Ananas
und Kokosnuss

Für 8 Personen
Zubereitungszeit: 20 Min.
Backzeit: 40 Min.
quadratische Kuchenform (20 x 20 cm)

Für die Streusel
70 g kalte Butter
50 g Weizenmehl (Type 405)
40 g Kokosraspel
80 g Vollrohrzucker

Für den Kuchenteig
80 g weiche Butter
140 g Zucker
2 Eier
80 g Weizenmehl (Type 405)
2 TL Backpulver
60 g Kokosraspel
1 Prise Salz
100 ml Kokosmilch

470 g Ananasfruchtfleisch (frisch oder aus der Dose)

100 g weiße Schokolade zum Dekorieren

Für die Streusel Butter, Mehl, Kokosraspel und Vollrohrzucker mit den Fingerspitzen zu einem krümeligen Teig verkneten. Die Streusel anschließend im Kühlschrank ruhen lassen. Den Backofen auf 180 °C vorheizen.

Für den Kuchenteig die weiche Butter mit dem Zucker cremig rühren, danach die Eier einzeln unterrühren. Das Mehl mit Backpulver, Kokosraspeln und Salz vermengen und unter die Buttermischung rühren. Zum Schluss die Kokosmilch dazugießen und alles zu einem homogenen Teig verrühren.

Den Teig in die mit Backpapier ausgelegte Form füllen. Ananas in Stücke schneiden und darauf verteilen. Die Streusel darüberstreuen und den Kuchen 40 Min. backen. Den fertigen Kuchen in der Form lauwarm abkühlen lassen. Anschließend aus der Form nehmen und in 8 rechteckige Stücke (10 x 5 cm) schneiden. Die Schokolade in der Mikrowelle oder im Wasserbad schmelzen und die Kuchenstücke damit überziehen.

Blaubeere
und Zimt

Für 8 Personen
Zubereitungszeit: 20 Min.
Backzeit: 1 Std.
quadratische Kuchenform (20 x 20 cm)

Für die Streusel
70 g kalte Butter
100 g Weizenmehl (Type 405)
80 g Vollrohrzucker

Für den Kuchenteig
100 g weiche Butter
150 g Zucker
3 Eier
220 g Weizenmehl (Type 405)
1 Päckchen Backpulver
1 TL gemahlener Zimt
1 Prise Salz
100 g Crème double

300 g Blaubeeren

Für die Streusel Butter, Mehl und Vollrohrzucker mit den Fingerspitzen zu einem krümeligen Teig verkneten. Die Streusel anschließend im Kühlschrank ruhen lassen. Den Backofen auf 180 °C vorheizen.

Für den Kuchenteig die weiche Butter mit dem Zucker cremig rühren, dann die Eier einzeln unterrühren. Das Mehl mit Backpulver, Zimt und Salz vermengen und unter die Buttermischung rühren. Die Crème double hinzufügen und alles zu einem homogenen Teig verrühren.

Den Teig in die mit Backpapier ausgelegte Form füllen. Die Blaubeeren darauf verteilen, die Streusel darüberstreuen und den Kuchen 1 Std. backen. Den fertigen Kuchen in der Form lauwarm abkühlen lassen. Aus der Form nehmen, in 16 quadratische Stücke (5 x 5 cm) schneiden und servieren.

Zimt

und Vanille

Für 8 Personen
Zubereitungszeit: 20 Min.
Backzeit: 40 Min.
quadratische Kuchenform (20 x 20 cm)

Für die Streusel
70 g kalte Butter
100 g Weizenmehl (Type 405)
80 g Vollrohrzucker
3 TL gemahlener Zimt

Für den Kuchenteig
70 g weiche Butter
110 g Zucker
2 Eier
1 Vanilleschote
170 g Weizenmehl (Type 405)
2 TL Backpulver
1 Prise Salz
70 g Crème double

200 g Sahne (nach Belieben)

Für die Streusel Butter, Mehl, Vollrohrzucker und Zimt mit den Fingerspitzen zu einem krümeligen Teig verkneten. Die Streusel anschließend im Kühlschrank ruhen lassen. Den Backofen auf 180 °C vorheizen.

Für den Kuchenteig die weiche Butter mit dem Zucker cremig rühren, dann die Eier einzeln unterrühren. Die Vanilleschote der Länge nach aufschneiden, das Mark herauskratzen und zu der Buttermischung geben. Das Mehl mit Backpulver und Salz mischen und ebenfalls unterrühren. Zum Schluss die Crème double dazugeben und alles zu einem homogenen Teig verrühren.

Den Teig in die mit Backpapier ausgelegte Form füllen, die Streusel darüberstreuen und den Kuchen 40 Min. backen. Den fertigen Kuchen in der Form lauwarm abkühlen lassen. Anschließend aus der Form nehmen, in 16 quadratische Stücke (5 x 5 cm) schneiden und servieren. Nach Belieben halbsteif geschlagene Sahne dazu reichen.

Nüsse
und Ahornsirup

Für 8 Personen
Zubereitungszeit: 35 Min.
Backzeit: 1 Std.
quadratische Kuchenform (20 x 20 cm)

200 g gemischte Nusskerne (z.B. Haselnuss, Walnuss, Pekannuss und Mandeln)

Für die Streusel
70 g kalte Butter
100 g Weizenmehl (Type 405)
80 g Vollrohrzucker

Für den Kuchenteig
120 g weiche Butter
170 g Zucker
3 Eier
140 g Weizenmehl (Type 405)
1 Päckchen Backpulver
80 g gemahlene Haselnüsse
1 Prise Salz
100 g Crème double

Ahornsirup

150 g Sahne, gut gekühlt

Die Nüsse hacken und ca. 5 Min. bei mittlerer Hitze ohne Zugabe von Fett in einer Pfanne rösten. Abkühlen lassen und gegebenenfalls die Häutchen entfernen.

Für die Streusel Butter, Mehl und Vollrohrzucker mit den Fingerspitzen zu einem krümeligen Teig verkneten. Die Streusel anschließend im Kühlschrank ruhen lassen. Den Backofen auf 180 °C vorheizen.

Für den Kuchenteig die weiche Butter mit dem Zucker cremig rühren, dann die Eier einzeln unterrühren. Das Mehl mit Backpulver, gemahlenen Haselnüssen und Salz vermengen und unter die Buttermischung rühren. Zum Schluss die Crème double hinzufügen und alles zu einem homogenen Teig verrühren.

Den Teig in die mit Backpapier ausgelegte Form füllen. Die gehackten Nüsse darauf verteilen, mit 100 ml Ahornsirup beträufeln und die Streusel darüberstreuen. Den Kuchen 1 Std. backen. Den fertigen Kuchen in der Form lauwarm abkühlen lassen. Aus der Form nehmen und in 16 quadratische Stücke (5 x 5 cm) schneiden. Die Sahne 10 Min. auf mittlerer Stufe mit den Quirlen des Handmixers schlagen, bis sie ihr Volumen verdoppelt hat. Die Kuchenstücke damit dekorieren und mit Ahornsirup überziehen.

Banane
und Walnuss

Für 8 Personen
Zubereitungszeit: 30 Min.
Backzeit: 1 Std.
quadratische Kuchenform (20 x 20 cm)

Für die Streusel
70 g kalte Butter
70 g Weizenmehl (Type 405)
30 g Haferflocken
60 g Vollrohrzucker

Für den Belag
40 g Butter
40 g Vollrohrzucker
6 Bananen

Für den Kuchenteig
100 g Walnusskerne
100 g weiche Butter
140 g Zucker
3 Eier
220 g Weizenmehl (Type 405)
1 Päckchen Backpulver
1 TL gemahlener Zimt
1 Prise Salz
100 g Crème double

flüssiger Honig zum Servieren

Für die Streusel Butter, Mehl, Haferflocken und Vollrohrzucker mit den Fingerspitzen zu einem krümeligen Teig verkneten. Die Streusel anschließend im Kühlschrank ruhen lassen. Den Backofen auf 180 °C vorheizen.

Für den Belag die Butter mit dem Vollrohrzucker in einer Pfanne zerlassen. Die Bananen in runde Scheiben schneiden und ca. 5 Min. darin anbraten.

Für den Kuchenteig die Walnüsse hacken und ca. 5 Min. ohne Zugabe von Fett in einer zweiten Pfanne rösten. Abkühlen lassen. Inzwischen die weiche Butter mit dem Zucker cremig rühren, danach die Eier einzeln unterrühren. Das Mehl mit Backpulver, Zimt und Salz vermengen und unter die Buttermischung rühren. Zum Schluss die Walnüsse und die Crème double hinzufügen und alles zu einem homogenen Teig verrühren.

Den Teig in die mit Backpapier ausgelegte Form füllen. Die Bananen darauf verteilen, die Streusel darüberstreuen und den Kuchen 1 Std. backen. Den fertigen Kuchen in der Form lauwarm abkühlen lassen. Anschließend aus der Form nehmen, in 16 quadratische Stücke (5 x 5 cm) schneiden, mit Honig beträufeln und servieren.

Cheesecake
und Spekulatius

Für 8 Personen
Zubereitungszeit: 25 Min.
Backzeit: 1 Std.
runde Kuchenform (24 cm)

Für den Cheesecake
70 g Butter
200 g Spekulatius
300 g Quark
300 g Frischkäse
100 g Zucker
3 Eier

Für die Streusel
70 g kalte Butter
110 g Weizenmehl (Type 405)
70 g Vollrohrzucker

Beeren-Coulis (fertige Fruchtsauce) zum Servieren

Den Backofen auf 180 °C vorheizen. Für den Cheesecake die Butter zerlassen und die Spekulatius in der Küchenmaschine fein zerkleinern. Beides zu einer homogenen Masse verrühren. Die Form mit Backpapier auskleiden, die Spekulatiusmischung auf dem Boden verteilen und mit einem Löffelrücken gut andrücken. Den Quark mit dem Frischkäse verrühren, den Zucker und danach die Eier einzeln unterrühren. Die Mischung auf dem Spekulatiusboden verteilen und den Cheesecake 30 Min. backen.

Inzwischen für die Streusel Butter, Mehl und Vollrohrzucker mit den Fingerspitzen zu einem krümeligen Teig verkneten. Die Streusel anschließend im Kühlschrank ruhen lassen.

Die Streusel auf dem vorgebackenen Cheesecake verteilen und den Kuchen weitere 30 Min. backen.Im ausgeschalteten Ofen vollständig auskühlen lassen. In Stücke schneiden und mit Beeren-Coulis servieren.

Schokolade
extra

Für 8 Personen
Zubereitungszeit: 20 Min.
Backzeit: 50 Min.
Silikon-Kranzform (26 cm)

Für die Streusel
70 g kalte Butter
100 g Weizenmehl (Type 405)
80 g Vollrohrzucker

Für den Kuchenteig
120 g weiche mild gesalzene Butter
170 g Zucker
3 Eier
170 g Weizenmehl (Type 405)
1 Päckchen Backpulver
40 g ungesüßtes Kakaopulver
100 g Crème fraîche

200 g Zartbitterschokolade
100 g Sahne

Für die Streusel Butter, Mehl und Vollrohrzucker mit den Fingerspitzen zu einem krümeligen Teig verkneten. Die Streusel anschließend im Kühlschrank ruhen lassen. Den Backofen auf 180 °C vorheizen.

Für den Kuchenteig die weiche gesalzene Butter mit dem Zucker cremig rühren, danach die Eier einzeln unterrühren. Das Mehl mit Backpulver und Kakaopulver vermengen und unter die Buttermischung rühren. Die Crème fraîche hinzufügen und alles zu einem homogenen Teig verrühren.

Den Teig in die Silikonform füllen. In der Mikrowelle oder im Wasserbad die Hälfte der Schokolade in der Hälfte der Sahne schmelzen. Die restliche kalte Sahne unterrühren und die Mischung auf dem Teig verteilen. Die Streusel darüberstreuen und den Kuchen 50 Min. backen. Den fertigen Kuchen in der Form lauwarm abkühlen lassen.

Inzwischen die restliche Schokolade im Wasserbad oder in der Mikrowelle schmelzen. Den Kuchen aus der Form nehmen, in Stücke schneiden, mit geschmolzener Schokolade überziehen und servieren.

Schokolade
und Marshmallows

Für 8 Personen
Zubereitungszeit: 20 Min.
Backzeit: 1 Std.
quadratische Kuchenform (20 x 20 cm)

Für die Streusel
90 g kalte Butter
100 g Weizenmehl (Type 405)
30 g ungesüßtes Kakaopulver
80 g Vollrohrzucker

Für den Kuchenteig
100 g weiche mild
gesalzene Butter
170 g Zucker
3 Eier
170 g Weizenmehl (Type 405)
1 Päckchen Backpulver
40 g ungesüßtes Kakaopulver
100 g Crème double

180 g Marshmallows

Für die Streusel Butter, Mehl, Kakaopulver und Vollrohrzucker mit den Fingerspitzen zu einem krümeligen Teig verkneten. Die Streusel anschließend im Kühlschrank ruhen lassen. Den Backofen auf 180 °C vorheizen.

Für den Kuchenteig die weiche gesalzene Butter mit dem Zucker cremig rühren, dann die Eier einzeln unterrühren. Das Mehl mit Backpulver und Kakaopulver vermengen und unter die Buttermischung rühren. Die Crème double hinzufügen und alles zu einem homogenen Teig verrühren.

Den Teig in die mit Backpapier ausgelegte Form füllen. Die Marshmallows darauf verteilen, die Streusel darüberstreuen und den Kuchen 1 Std. backen. Den fertigen Kuchen in der Form lauwarm abkühlen lassen. Anschließend aus der Form nehmen, in 16 quadratische Stücke (5 x 5 cm) schneiden und servieren.

AU DIAMANT

Schokolade
und Gewürze

Für 8 Personen
Zubereitungszeit: 30 Min.
Backzeit: 65 Min.
Ruhezeit: 90 Min.
Kastenform (25 x 9 cm)

Für den Kuchenteig
70 ml fettarme Milch (1,5 %)
1 Gewürznelke
60 g Butter
150 g flüssiger Honig
1 Ei
60 g Weizenmehl (Type 405)
50 g Roggenmehl
1½ TL Backpulver
2 TL Quatre-épices-Gewürzmischung (französisches 4-Gewürze-Pulver)
1 TL gemahlener Zimt
1 Prise Salz
20 g Muscovadozucker

Für die Streusel
70 g kalte Butter
100 g Weizenmehl (Type 405)
70 g Vollrohrzucker

1 Birne
125 g Vollmilchschokolade
90 g Sahne

Für den Kuchenteig die Milch mit der Gewürznelke in einem kleinen Topf erhitzen. Vom Herd nehmen und 30 Min. ziehen lassen. In einem zweiten kleinen Topf die Butter zerlassen. Vom Herd nehmen und den Honig einrühren, danach das Ei unterrühren. Beide Mehlsorten mit Backpulver, Gewürzen und Muscovadozucker mischen, anschließend den Honig-Butter-Mix unterrühren. Die Gewürznelke aus der Milch nehmen und die Milch ebenfalls unter den Teig rühren. Den Teig 1 Std. in den Kühlschrank stellen.

Den Backofen auf 180 °C vorheizen. Für die Streusel Butter, Mehl und Vollrohrzucker mit den Fingerspitzen zu einem krümeligen Teig verkneten. Die Streusel anschließend im Kühlschrank ruhen lassen.

Den Teig in die mit Backpapier ausgelegte Form füllen und 15 Min. vorbacken. Inzwischen die Birne schälen, vierteln und entkernen. Die Birnenviertel in Stücke schneiden und auf dem vorgebackenen Kuchenteig verteilen. In der Mikrowelle oder im Wasserbad die Schokolade in der Hälfte der Sahne schmelzen. Die restliche kalte Sahne einrühren und die Birnen damit überziehen. Die Streusel darüberstreuen und den Kuchen weitere 50 Min. backen. Den fertigen Kuchen in der Form lauwarm abkühlen lassen. Aus der Form nehmen, in Stücke schneiden und servieren.

Marmorkuchen
mit Apfel und Karamell

Für 8 Personen
Zubereitungszeit: 30 Min.
Backzeit: 1 Std.
Kastenform (25 x 9 cm)

Für die Streusel
70 g kalte Butter
100 g Weizenmehl (Type 405)
70 g Vollrohrzucker

Für den hellen Kuchenteig
60 g weiche Butter
60 g Zucker
1 Päckchen Vanillezucker
1 Ei
70 g Weizenmehl (Type 405)
½ Päckchen Backpulver
50 ml Milch

Für den dunklen Kuchenteig
60 g weiche Butter
70 g Zucker
1 Ei
60 g Weizenmehl (Type 405)
½ Päckchen Backpulver
20 g ungesüßtes Kakaopulver
50 ml Milch

1 Apfel
90 g Schoko-Karamell-Kaubonbons
(z.B. Carambar)

Für die Streusel Butter, Mehl und Vollrohrzucker mit den Fingerspitzen zu einem krümeligen Teig verkneten. Die Streusel anschließend im Kühlschrank ruhen lassen. Den Backofen auf 180 °C vorheizen.

Für den hellen Kuchenteig die Butter mit Zucker und Vanillezucker cremig rühren, danach das Ei unterrühren. Das Mehl mit ½ Päckchen Backpulver vermengen und unter die Buttermischung rühren. 50 ml Milch dazugießen und alles zu einem homogenen Teig verrühren.

Für den dunklen Kuchenteig die Butter mit dem Zucker cremig rühren, danach das Ei unterrühren. Das Mehl mit ½ Päckchen Backpulver und dem Kakaopulver vermengen und unter die Buttermischung rühren. 50 ml Milch hinzufügen und alles zu einem homogenen Teig verrühren.

Ein Drittel des hellen Teigs in die mit Backpapier ausgelegte Form füllen. Ein Drittel des dunklen Teigs darauf verteilen und den Vorgang noch zweimal wiederholen.

Den Apfel schälen, vierteln und entkernen. Die Apfelviertel in kleine Stücke schneiden und mit den Bonbons auf dem Teig verteilen. Die Streusel darüberstreuen und den Kuchen 1 Std. backen. Den fertigen Kuchen in der Form lauwarm abkühlen lassen, aus der Form nehmen, in Stücke schneiden und servieren.

Schokolade
und Maronencreme

Für 8 Personen
Zubereitungszeit: 20 Min.
Backzeit: 1 Std.
quadratische Kuchenform (20 x 20 cm)

Für die Streusel
70 g kalte Butter
110 g Weizenmehl (Type 405)
60 g Vollrohrzucker
2 TL Vanilleextrakt

Für den Kuchenteig
100 g weiche mild gesalzene Butter
170 g Zucker
3 Eier
170 g Weizenmehl (Type 405)
1 Päckchen Backpulver
40 g ungesüßtes Kakaopulver
100 g Crème double

300 g Maronencreme

Für die Streusel Butter, Mehl, Vollrohrzucker und Vanilleextrakt mit den Fingerspitzen zu einem krümeligen Teig verkneten. Die Streusel anschließend im Kühlschrank ruhen lassen. Den Backofen auf 180 °C vorheizen.

Für den Kuchenteig die weiche gesalzene Butter mit dem Zucker cremig rühren, danach die Eier einzeln unterrühren. Das Mehl mit Backpulver und Kakaopulver vermengen und unter die Buttermischung rühren. Die Crème double hinzufügen und alles zu einem homogenen Teig verrühren.

Den Teig in die mit Backpapier ausgelegte Form füllen. Die Maronencreme darauf verstreichen, die Streusel darüberstreuen und den Kuchen 1 Std. backen. Den fertigen Kuchen in der Form lauwarm abkühlen lassen. Aus der Form nehmen, in 16 quadratische Stücke (5 x 5 cm) schneiden und servieren.

Weiße Schokolade

und Pralines roses

Für 8 Personen
Zubereitungszeit: 30 Min.
Backzeit: 45 Min.
Kastenform (25 x 9 cm)

Für die Streusel
60 g kalte Butter
100 g Weizenmehl (Type 405)
60 g Vollrohrzucker

Für den Kuchenteig
70 g weiche Butter
100 g Zucker
2 Eier
150 g Weizenmehl (Type 405)
2 TL Backpulver
1 Prise Salz
100 g Pralines roses
(mit rosafarbenem Zuckerguss überzogene Mandeln aus der Confiserie)
70 g Crème double

1 Birne
150 g weiße Schokolade

Für die Streusel Butter, Mehl und Vollrohrzucker mit den Fingerspitzen zu einem krümeligen Teig verkneten. Die Streusel anschließend im Kühlschrank ruhen lassen. Den Backofen auf 180 °C vorheizen.

Für den Kuchenteig die weiche Butter mit dem Zucker cremig rühren, danach die Eier einzeln unterrühren. Das Mehl mit Backpulver und Salz vermengen und unter die Buttermischung rühren. Die Pralines roses fein hacken und unterziehen. Die Crème double hinzufügen und alles zu einem homogenen Teig verrühren.

Den Teig in die mit Backpapier ausgelegte Form füllen und 15 Min. vorbacken. Inzwischen die Birne schälen, vierteln und entkernen. Die Birnenviertel in Stücke schneiden und auf dem Kuchenteig verteilen. Die weiße Schokolade klein hacken und über die Birnenstücke streuen. Die Streusel darübergeben und den Kuchen weitere 30 Min. backen. Den fertigen Kuchen in der Form lauwarm abkühlen lassen, in Stücke schneiden und servieren.

Aprikose
und Spekulatius

Für 8 Personen
Zubereitungszeit: 20 Min.
Backzeit: 40 Min.
Kastenform (25 x 9 cm)

Für die Streusel
70 g kalte Butter
60 g Weizenmehl (Type 405)
60 g Vollrohrzucker
40 g Spekulatius

Für den Kuchenteig
30 g weiche Butter
70 g Zucker
50 g Spekulatiuscreme
1 Ei
60 g Weizenmehl (Type 405)
1 TL Backpulver
1 Prise Salz
70 g Crème double

230 g entsteinte frische Aprikosen oder abgetropfte Aprikosenhälften aus der Dose
120 g Erdbeerkonfitüre

Für die Streusel Butter, Mehl und Vollrohrzucker mit den Fingerspitzen zu einem krümeligen Teig verkneten. Die Spekulatius fein zerkrümeln und untermischen. Die Streusel anschließend im Kühlschrank ruhen lassen. Den Backofen auf 180 °C vorheizen.

Für den Kuchenteig die weiche Butter mit dem Zucker cremig rühren. Die Spekulatiuscreme und das Ei unterrühren. Das Mehl mit Backpulver und Salz vermengen und unter die Buttermischung rühren. Die Crème double hinzufügen und alles zu einem homogenen Teig verrühren.

Den Teig in die mit Backpapier ausgelegte Form füllen. Die Aprikosen auf dem Teig verteilen und mit der Erdbeerkonfitüre bestreichen. Die Streusel darüberstreuen und den Kuchen 40 Min. backen. Den fertigen Kuchen in der Form lauwarm abkühlen lassen, aus der Form nehmen, in Stücke schneiden und servieren.

Schokolade
und Karamell

Für 8 Personen
Zubereitungszeit: 30 Min.
Backzeit: 50 Min.
runde Kuchenform (24 cm)

Für die Streusel
70 g kalte Butter
60 g Weizenmehl (Type 405)
70 g Vollrohrzucker
40 g Galettes St. Michel
(leicht gesalzene französische
Butterkekse; ersatzweise
Vollkornbutterkekse)

Für den Kuchenteig
100 g weiche Butter
150 g Zucker
3 Eier
170 g Weizenmehl (Type 405)
1 Päckchen Backpulver
40 g ungesüßtes Kakaopulver
100 g Crème double

200 g salzige Karamellcreme
(Caramel au beurre salé)

Für die Streusel Butter, Mehl und Vollrohrzucker mit den Fingerspitzen zu einem krümeligen Teig verkneten. Die Butterkekse fein zerkrümeln und untermischen. Die Streusel anschließend im Kühlschrank ruhen lassen. Den Backofen auf 180 °C vorheizen.

Für den Kuchenteig die weiche Butter mit dem Zucker cremig rühren, danach die Eier einzeln unterrühren. Das Mehl mit Back- und Kakaopulver vermengen und unter die Buttermischung rühren. Die Crème double hinzufügen und alles zu einem homogenen Teig verrühren.

Den Teig in die mit Backpapier ausgelegte Form füllen. Die Karamellcreme darauf verstreichen, die Streusel darüberstreuen und den Kuchen 50 Min. backen. Den fertigen Kuchen in der Form lauwarm abkühlen lassen, aus der Form nehmen, in Stücke schneiden und servieren.

Himbeere
und Earl Grey

Für 8 Personen
Zubereitungszeit: 20 Min.
Ziehzeit: 15 Min.
Backzeit: 40 Min.
quadratische Kuchenform (20 x 20 cm)

100 ml Milch
2 Teebeutel Earl Grey

Für die Streusel
70 g kalte Butter
70 g Weizenmehl (Type 405)
70 g Vollrohrzucker
40 g Butterkekse

Für den Kuchenteig
80 g weiche Butter
120 g Zucker
2 Eier
150 g Weizenmehl (Type 405)
2 TL Backpulver
1 Prise Salz

200 g frische oder 300 g
tiefgefrorene, aufgetaute Himbeeren

In einem kleinen Topf die Milch mit den Teebeuteln erhitzen, vom Herd nehmen und den Tee 15 Min. ziehen lassen.

Inzwischen für die Streusel Butter, Mehl und Vollrohrzucker mit den Fingerspitzen zu einem krümeligen Teig verkneten. Die Butterkekse fein zerkrümeln und untermischen. Die Streusel anschließend im Kühlschrank ruhen lassen. Den Backofen auf 180 °C vorheizen.

Für den Kuchenteig die weiche Butter mit dem Zucker cremig rühren, danach die Eier einzeln unterrühren. Das Mehl mit Backpulver und Salz vermengen und unter die Buttermischung rühren. Die Teebeutel aus der Milch nehmen und die Milch nach und nach unterrühren.

Den Teig in die mit Backpapier ausgelegte Form füllen. Die Himbeeren darauf verteilen, die Streusel darüberstreuen und den Kuchen 40 Min. backen. Den fertigen Kuchen in der Form lauwarm abkühlen lassen, aus der Form nehmen, in 16 quadratische Stücke (5 x 5 cm) schneiden und servieren.

Pflaume
und Karamell

Für 8 Personen
Zubereitungszeit: 30 Min.
Backzeit: 1 Std.
quadratische Kuchenform (20 x 20 cm)

Für die Streusel
70 g kalte Butter
60 g Weizenmehl (Type 405)
60 g Vollrohrzucker
50 g Palets bretons (mürbes französisches Buttergebäck mit Salzbutterkaramell)

Für den Kuchenteig
100 g weiche Butter
110 g Zucker
60 ml Karamellsirup
3 Eier
220 g Weizenmehl (Type 405)
1 Päckchen Backpulver
1 Prise Salz
100 g Crème double

600 g frische Pflaumen

Karamellsirup zum Servieren

Für die Streusel Butter, Mehl und Vollrohrzucker mit den Fingerspitzen zu einem krümeligen Teig verkneten. Die Palets bretons fein zerkrümeln und untermischen. Die Streusel anschließend im Kühlschrank ruhen lassen. Den Backofen auf 180 °C vorheizen.

Für den Kuchenteig die weiche Butter mit dem Zucker cremig rühren. Zuerst den Karamellsirup, danach die Eier einzeln unterrühren. Das Mehl mit Backpulver und Salz vermengen und unter die Buttermischung rühren. Zum Schluss die Crème double dazugeben und alles zu einem homogenen Teig verrühren.

Den Teig in die mit Backpapier ausgelegte Form füllen. Die Pflaumen waschen, entsteinen, in Stücke schneiden und auf dem Teig verteilen. Die Streusel darüberstreuen und den Kuchen 1 Std. backen. Den fertigen Kuchen in der Form lauwarm abkühlen lassen. Anschließend aus der Form nehmen, in 8 rechteckige Stücke (10 x 5 cm) schneiden, mit Karamellsirup überziehen und servieren.

Zucchini

und Tomate

Für 6 Personen
Zubereitungszeit: 55 Min.
Backzeit: 50 Min.
quadratische Kuchenform (20 x 20 cm)

je 500 g Tomaten und Zucchini
1 Zwiebel
2 Knoblauchzehen
2 EL Olivenöl
1 TL Zucker

Für die Streusel
80 g Pinienkerne
120 g Ricotta
120 g Weizenmehl (Type 405)

Für den Kuchenteig
100 g Räucherspeck
120 ml Olivenöl
3 Eier
200 g Weizenmehl (Type 405)
1 Päckchen Backpulver
100 g geriebener Gruyère
120 ml Milch

Salz und frisch gemahlener schwarzer Pfeffer
Kräuter der Provence

Tomatensauce zum Servieren

Die Tomaten 1 Min. in kochend heißes Wasser legen, unter fließendem kaltem Wasser abschrecken und die Haut abziehen. Die Zucchini in runde Scheiben schneiden. Die Zwiebel schälen, fein würfeln, den Knoblauch schälen und fein hacken. Zwiebel und Knoblauch in einer Pfanne bei mittlerer Hitze in 2 Esslöffeln Olivenöl andünsten. Inzwischen die Tomaten klein schneiden, dabei die Stielansätze entfernen, und die Tomatenstücke mit den Zucchini in die Pfanne geben. Mit Salz und Pfeffer abschmecken, 2 Esslöffel Kräuter der Provence und den Zucker unterrühren und alles 15 Min. garen. Dabei regelmäßig umrühren.

Den Backofen auf 180 °C vorheizen. Für die Streusel die Pinienkerne ohne Zugabe von Fett in einer Pfanne hellbraun rösten und abkühlen lassen. Ricotta, Mehl und Pinienkerne mit den Fingerspitzen zu einem krümeligen Teig verarbeiten.

Für den Kuchenteig den Speck in schmale Streifen schneiden und 5 Min. bei mittlerer Hitze ohne Zugabe von Fett in der Pfanne braten. Das Öl mit den Eiern verquirlen. Das Mehl mit Backpulver, 2 Prisen Salz, etwas Pfeffer, 2 Esslöffeln Kräuter der Provence und Käse vermengen und unter die Eiermischung rühren. Danach die Milch unterrühren.

Den Teig in die mit Backpapier ausgelegte Form füllen, das Gemüse darauf verteilen, die Streusel darüberstreuen und den Kuchen 50 Min. backen. Heiß mit Tomatensauce servieren.

Lachs

und Dill

Für 6 Personen
Zubereitungszeit: 30 Min.
Backzeit: 1 Std.
quadratische Kuchenform (20 x 20 cm)

Für die Streusel
90 g kalte Butter
75 g Weizenmehl (Type 405)
75 g Paniermehl

Für den Kuchenteig
1 Zwiebel
3 Eier
100 ml Olivenöl
220 g Weizenmehl (Type 405)
1 Päckchen Backpulver
1 EL gehackte Dillspitzen
100 ml Milch

600 g frisches Lachsfilet ohne Haut
150 g Sahne
1 EL gehackte Dillspitzen

Salz und frisch gemahlener schwarzer Pfeffer

Für die Streusel Butter, Mehl und Paniermehl mit den Fingerspitzen zu einem krümeligen Teig verkneten. Die Streusel anschließend im Kühlschrank ruhen lassen. Den Backofen auf 180 °C vorheizen.

Für den Kuchenteig die Zwiebel durch den Wurzelansatz halbieren, schälen und in feine Halbringe schneiden. Die Zwiebelringe 5 Min. bei mittlerer Hitze ohne Zugabe von Fett in einer Pfanne rösten und abkühlen lassen. Die Eier mit dem Olivenöl verquirlen. Das Mehl mit Backpulver, 1 Prise Salz, ein wenig Pfeffer und dem Dill vermengen und unter die Eiermischung rühren. Zum Schluss Zwiebelringe und Milch unterrühren.

Den Teig in die mit Backpapier ausgelegte Form füllen. Den Lachs in mundgerechte Stücke schneiden und auf dem Teig verteilen. Die Sahne mit dem Dill, 2 Prisen Salz und etwas Pfeffer verrühren und darübergießen. Die Streusel darüberstreuen und den Kuchen 1 Std. backen. Heiß servieren.

Kürbis
und Räucherspeck

Für 6 Personen
Zubereitungszeit: 30 Min.
Backzeit: ca. 50 Min.
runde Kuchenform (24 cm)

Für die Streusel
50 g Walnusskerne
30 g Weizenmehl (Type 405)
40 g Buchweizenmehl
50 g kalte Butter

Für den Belag
600 g Hokkaido-Kürbisfruchtfleisch
1 Zwiebel
100 g Räucherspeck
1 EL Olivenöl

Für den Kuchenteig
3 Eier
100 ml Olivenöl
220 g Weizenmehl (Type 405)
1 Päckchen Backpulver
120 ml Milch
100 g Comté (französischer Rohmilchkäse; ersatzweise Bergkäse), gerieben

Salz und frisch gemahlener schwarzer Pfeffer

Für die Streusel die Walnusskerne fein hacken, ca. 5 Min. bei mittlerer Hitze ohne Zugabe von Fett in einer Pfanne rösten und auskühlen lassen. Die beiden Mehle mischen. Die Butter mit den Fingerspitzen in das Mehl einarbeiten, die Nüsse hinzufügen und alles zu einem krümeligen Teig verarbeiten. Die Streusel anschließend im Kühlschrank ruhen lassen.

Das Kürbisfruchtfleisch klein schneiden. Die Zwiebel durch den Wurzelansatz halbieren, schälen und in feine Halbringe schneiden. Den Speck in schmale Streifen schneiden. Das Olivenöl auf mittlerer Stufe in einer Pfanne erhitzen. Kürbis, Zwiebel und Speck hineingeben, mit Salz und Pfeffer würzen und 10 Min. braten. Dabei regelmäßig umrühren. Inzwischen den Backofen auf 180 °C vorheizen.

Für den Kuchenteig die Eier mit dem Öl verquirlen. Das Mehl mit Backpulver und je 1 Prise Salz und Pfeffer vermengen und unter die Eiermischung rühren. Zum Schluss nach und nach die Milch und den Käse unterrühren.

Den Teig in die mit Backpapier ausgelegte Form füllen. Die Kürbismischung darauf verteilen, die Streusel darüberstreuen und den Kuchen 50–55 Min. backen. Heiß servieren.

Olive
und Schinken

Für 6 Personen
Zubereitungszeit: 50 Min.
Backzeit: 45 Min.
Kastenform (25 x 9 cm)

Für die Streusel
50 g kalte Butter
50 g Weizenmehl (Type 405)
100 g geriebener Parmesan

Für den Belag
500 g Tomaten (frisch oder aus der Dose)
1 Zwiebel
1 Knoblauchzehe
125 g entsteinte grüne und schwarze Oliven
2 EL Olivenöl
1 TL Zucker

Für den Kuchenteig
2 Eier
80 ml Olivenöl
140 g Weizenmehl (Type 405)
2 TL Backpulver
80 ml Milch
120 g Kochschinken
80 g geriebener Gruyère

Salz und frisch gemahlener schwarzer Pfeffer

Für die Streusel Butter, Mehl und Parmesan mit den Fingerspitzen zu einem krümeligen Teig verkneten. Die Streusel anschließend im Kühlschrank ruhen lassen. Den Backofen auf 180 °C vorheizen.

Für den Belag die frischen Tomaten 1 Min. in kochend heißes Wasser legen, unter fließendem kaltem Wasser abschrecken und die Haut abziehen. Die Tomaten in Stücke schneiden und dabei die Stielansätze entfernen. Die Zwiebel schälen und fein schneiden, den Knoblauch schälen und fein hacken, die Oliven in Ringe schneiden. Das Öl auf mittlerer Stufe in einer Pfanne erhitzen. Zwiebel, Knoblauch, Oliven und Tomaten hineingeben, mit 2 Prisen Salz und etwas Pfeffer würzen, den Zucker einstreuen und das Ganze 10 Min. bei mittlerer Hitze garen. Dabei regelmäßig umrühren.

Für den Kuchenteig die Eier mit dem Öl verquirlen. Das Mehl mit Backpulver sowie je 1 Prise Salz und Pfeffer vermengen und mit der Eiermischung verrühren. Den Schinken klein schneiden. Nacheinander die Milch, den Schinken und den Käse unter den Teig rühren.

Den Teig in die mit Backpapier ausgelegte Form füllen, die Tomatenmischung darauf verteilen, die Streusel darüberstreuen und den Kuchen 45 Min. backen. Heiß servieren.

Dank

Ich danke meinen Töchtern Cloélia, Eléa und Callista, die mir auch diesmal wieder als Testesserinnen eine große Hilfe waren.
Ich danke Christine und Valéry für die herrlichen Fotos.
Und ich danke Audrey und dem gesamten Marabout-Team für ihr Vertrauen.

Titel der französischen Originalausgabe
Crumbcake sucré & salé

Rezepte
Christelle Huet-Gomez

Fotografie
Valéry Guédes

Chefredaktion
Corinna Nikolaus, Neustadt an der Weinstraße

Übersetzung aus dem Französischen
Barbara Holle für Werkstatt München · Buchproduktion

Lektorat, Redaktion
Karen Dengler, Werkstatt München · Buchproduktion

Satz
Anja Dengler, Werkstatt München · Buchproduktion

Umschlaggestaltung
Tina Defaux, Neustadt an der Weinstraße

Printed in China
978-3-86528-951-3